JN082800

業務のための集計分析実習

古川　直子
寺澤　進吾　著

職業訓練法人H&A

◇ 発行にあたって

　当法人では、人材育成に係る教材開発を手掛けており、本書は愛知県刈谷市にあります ARMS 株式会社（ARMS 研修センター）の新入社員研修を進行する上で使用するテキストとして編集いたしました。

　ARMS 研修センターの新入社員研修の教育プログラムでは、営業コースをはじめ、オフィスビジネスコース、機械加工コース、プレス溶接加工コース、樹脂加工コースなど全 18 種類の豊富なコースを提供しております。また、昨今の新型コロナウイルス感染拡大を受け、Zoom※でのネット受講でも使用できるように、できる限りわかりやすくまとめましたが、対面授業で使用するテキストを想定しているため、内容に不備があることもございます。その点、ご理解をいただければと思います。

　本書では新入社員研修の内容をご理解いただき、日本の将来を背負う新入社員の教育に役立てていただければ幸いです。

　最後に、本書の刊行に際して、ご多忙にもかかわらずご協力をいただいたご執筆者の方々に心から御礼申し上げます。

2021 年 3 月
職業訓練法人　H&A

※Zoom は、パソコンやスマートフォンを使って、セミナーやミーティングをオンラインで開催するために開発されたアプリです。

本書で使用するデータ（Excel）は以下の URL、または右の QR コードよりダウンロードをお願いします。

https://www.sankeisha.com/h-a/4/

◇ 目次

第1章 集計と分析

1. 集計とは

（1）「集計の意味」は、ご存知ですか？

本書を手にした皆さんが、突然そう尋ねられたらどの様に回答されますか？

改めて訊ねられると、「なんとなくわかってるけど…。改めて考えてみると、はてさて…？」と、明確に答えを出すことが難しい質問です。しかし皆さんは、学生時代にゼミや研究でデータの集計や、アルバイトでアンケート結果を集計するなど、集計と密接な関係があったはずです。

まずはビジネスの場において、頻繁に登場する集計について改めて基本的なことを解説していきます。

（2）「集計」、「統計」、「分析」の違いを理解できていますか？

ビジネスシーンにおいて、システム運用をする際に「集計」、「統計」、「分析」を求められる、あるいは、業務上データを有効活用するため「集計」、「統計」、「分析」を行わなくてはならないことは多いですが、その場合 Excel（エクセル）などのデータ作成ソフトを利用してそれぞれ独立した業務として行うこともあれば、連動して業務を遂行することもあります。ここでは混同しがちな「集計」、「統計」、「分析」の3つを比較、解説していきます。

●集計

質的データや量的データの数を集めて合計したもの。また、その結果を見やすくまとめること。

●統計

集計で得たデータの集団を把握し、数量的な性質や傾向をつかむこと。

●分析

集計で得たデータを分類・整理・取捨選択して、数値を比較検討することで物事の原因究明や客観的事実を把握して判断に活かすこと。

これら3つの要素は、まず集めたデータを「集計」したあとで「統計」や「分析」で活用するという一連の流れで運用されます。

では、具体的にビジネスシーンにおける事例で考えてみましょう。

　株式会社 OK 商事は、自社の製造販売する A 商品について商品の品質に関するアンケート調査を実施しました。

　100 人、1000 人単位で集めたアンケート調査の結果をどのように活用すれば、自社商品の品質向上につなげることができるでしょうか?

　このケースでは、データ活用の目的として行ったアンケート調査結果【集計】を元に、A 商品を購入、利用する顧客または、見込み客の傾向や思考を把握して【統計】、分類・整理された数値の比較検証から顧客の要求、要望などの客観的事実を把握して【分析】、自社商品の品質向上につなげる、となります。

集計前のデータ例

No.	年齢(代)	性別	県	Q1回答	Q2回答	Q3回答	Q4回答	
1	30	男	東京	○	1	∨	○	
2	20	男	東京	○	2	×	△	
3	40	女	埼玉	○	2	○	○	
4	40	女	埼玉	○	2	○	○	
5	20	男	東京	×	1	○	○	
6	50	男	神奈川	∨	0	∨	×	
7	40	女	千葉	○	3	×	△	
8	30	男	神奈川	○	1	∨	○	
9	20	女	千葉	×	2	○	△	
10	30	男	東京	○	1	×	△	
11	40	女	群馬	○	2	×	△	
12	40	女	栃木	○	3	○	△	
13	50	男	神奈川	∨	0	∨	×	
14	30	男	茨城	○	1	∨	△	
15	20	男	東京	○	1	×	○	
16	20	女	東京	○	1	∨	×	
17	40	男	東京	○	2	∨	○	
18	50	女	千葉	○	2	○	×	
19	40	女	茨城	○	3	∨	○	
20	30	女	東京	○	1	×	△	
21	20	男	神奈川	○	2	∨	○	
22	30	男	神奈川	○	5	○	○	
23	50	女	茨城	×	1	×	△	
24	40	男	東京	○	2	×	○	

集計後のデータ例

No.	年齢(代)	性別	県	Q1回答	Q2回答	Q3回答	Q4回答
2	20	男	東京	○	2	×	△
5	20	男	東京	×	1	○	○
9	20	女	千葉	×	2	○	△
15	20	男	東京	○	1	×	○
16	20	女	東京	○	1	×	×
21	20	女	神奈川	○	2	∨	○
				4	1.50	2	3
1	30	男	東京	○	1	∨	○
8	30	男	神奈川	○	1	∨	∨
10	30	男	東京	○	1	×	△
14	30	男	茨城	○	1	∨	△
20	30	女	東京	○	1	×	△
22	30	男	神奈川	○	5	○	○
				6	1.67	1	2
3	40	女	埼玉	○	2	○	○
4	40	女	埼玉	○	2	○	○
7	40	女	千葉	○	3	×	△
11	40	女	群馬	○	2	∨	△
12	40	女	栃木	○	3	○	△
17	40	男	東京	○	2	∨	○
19	40	女	茨城	○	3	×	○
24	40	男	東京	○	2	×	○
				8	2.38	3	5
6	50	男	神奈川	×	0	×	×

　集計はデータ活用における「統計」や「分析」を行うための基本となる重要な要素です。

　ビジネスシーンにおいて統計や分析を行う専門家や上司が、集計されたデータを見ただけでそれが何を意味するのか、どの様な特性や傾向にあるのかを判断しやすいようにすることが、集計の本来の目的になります。

　つまり、集計とはデータとして集められた「数値を可視化すること」といえます。

2. 分析とは

　データ活用における分析とは、前項で述べた通り、情報や数値、文字などを収集し、そのデータを分類・整理などをしてデータの傾向や特性(統計)を解釈することです。データが示す数値を比較検証することにより、ある物事について数値データや客観的事実に基づいて判断することができます。

　近年では、IT 技術の進歩や PC の高性能化により、経済状況の変化などを捉えて経営に反映

させるビッグデータ活用といった考え方から、ビジネスの社会におけるデータ分析の重要性は年々増しています。

　ここでは、データ分析によるメリットや得られる効果について解説します。

　ビジネスシーンでは、データを分析することで、不確実性の高い情報の精度を高めることができます。また分類・整理されたデータから必要な情報を抽出して売上やシェアの拡大といった業績向上や、それらに繋がる未来志向の事業を検討することが可能になります。

　データ分析に際しては、データ母数を数多く保有することで分析の精度を向上させることができます。不特定多数のデータが多ければ多いほど、各データの関連性や因果関係などから不確実性を減らすことができ、より確度の高い現状分析や将来の予測が可能になります。

　次に、実際の企業活動でデータ分析はどの様に活用されているかを見ていきます。

・営業部門

　売上データの分析から、年齢・性別・職業などの顧客の属性や、製品の嗜好・要望、各地域での商談発生件数、成約までのプロセス（期間、頻度など）を比較検証することに活用されます。このデータ分析から、次に販売する商品のターゲット顧客層の絞り込みや、テスト販売や重点的に営業活動を行う地域の抽出をすることで、売上や品質の向上ならびに、成約の見込みを予測することが可能です。

・人事部門

　従業員データの分析から、年齢、性別、居住エリア、家族構成などの属性や、勤怠状況、キャリアアップ（期間、職位職制など）を比較検討することが可能です。このデータ分析を活用することで、従業員の採用活動における募集時期、募集人数の確保見込みなど応募者情報を予測することが可能です。

　以下の 2 つの図表は、元データから所属別、役職別、年齢年代別の残業時間の分析データをもとに、残業時間や地域特性から業務量の負荷を検証できるデータとなっています。人事担当者は、このデータから人手不足、特定の業務従事者へ業務の偏りなどがあるかを調査し、業務改善の手立てを講じることになります。

例）人事勤怠の元データ

例）人事勤怠の分析データ

・マーケティング部門
　各種広告媒体やセミナー、イベントプロモーションにおける参加者のデータ（年齢、性別、職業、参加理由など）を比較検証することで、セミナーやイベントの費用対効果、競合商品動向の推定、ターゲット層の選定などをおこなうことが可能です。

　データ分析の活用は、これまで社内のデータベースなどに散乱した状態で保存されていた情報を集約することで、見過ごしていた問題点や課題解決のヒント、ビジネスにおける新たな可能性の発見を可能にします。
　従来、企業が抱えるビジネスの課題解決に対する対処法は、実績や経験をもとにした経験則やカン・コツに頼るといった手法が一般的であり、特定の条件下でのみ効果を発揮するというものでした。
　しかし、データ分析によって導き出された結果は、今までのビジネスを通して収集・蓄積された実績値のデータを集計、統計、分析をしたものであり、様々な視点でビジネスの成長をサポートでき企業の成長発展に活用することができます。

　現代における企業活動では、迅速な意思決定が不可欠です。
　データ分析は、企業が抱える課題に対して、必要なデータを素早く提示することができるため、企業の迅速な意思決定や判断をする上で必要不可欠です。

３．集計の元となるローデータ

「ローデータ」って何でしょうか？

　集計、統計、分析を行うためにデータベースから取り出したデータや、マーケティング調査でアンケート結果として得られるデータのことをローデータ、レイアウトデータなどと呼びます。

　ローデータとは、英語で書くと Raw data と表記します。英語で Raw とは生という意味になります。例をあげると、生魚のことを Raw fish と言います。

　つまりローデータとは生データ、データベースからアウトプットしただけの情報、マーケティング調査で得た情報などに手を加えていない、無加工状態のデータのことを指します。

　そして「生データ」という言葉が表すとおり、これらのデータをビジネスシーンで効果的に活用するには「加工」をすることが必須となります。

　例えば、計算ソフトである Excel で読み込んだのち数値データの集計を行う、または、様々なソフトウェア会社が提供するデータ集計ツールに読み込んで、ビジネスに必要な資料として統計、分析に使うなどが考えられます。

　ローデータから集計を行うに当たっては複数の方法があります。一般的には、Excel を使用する方法と、集計ツールで読み込む方法があります。Excel ではピボットテーブルによって複雑な集計が簡単に行えます。一方で、グラフ化するには多少の手間が発生してしまうのが難点であるとも考えられます。

　本書では、Excel を活用したデータ集計と分析について学んでいきましょう。

第2章 複数シートの利用

　業務におけるデータ集計と分析を学ぶ上で、一般的かつ汎用的な方法として表計算ソフトの Excel を使用するケースが非常に多く、また、殆どの PC に実装されていることから、Excel の基本的機能を理解し使用できることはビジネスシーンにおいては不可欠なスキルといえます。

　この項では、データ集計の基礎的スキルとして Excel の複数シートを活用した集計方法について学びます。

　Excel のシートは大きな集計用紙のようなものです。Excel では、このシートを複数束ねてファイリングしたような状態で保存することができます。この保存ファイルを「ブック」と呼びます。新規ブックにはシートが 1 つ用意されていますが、このシートは増減が可能です。

　1 つのブックで用意できるシート数は使用 PC のメモリ環境に依存します。Excel として使用できるシート数は無制限です。もちろん、順番の入れ替えも容易です。

　各シートにはシート見出しがあり、わかりやすいシート名が付けられます。また、シート見出しを色分けして目立たせることも可能です。

　シートは全て同じ大きさで、同じようにセル番地が割り振られています。

　これらのシートが積み重なっているような状態がブック構造なのです。この仕組みを活用すれば、同一フォーマットを一度に別シートに設定することも簡単です。

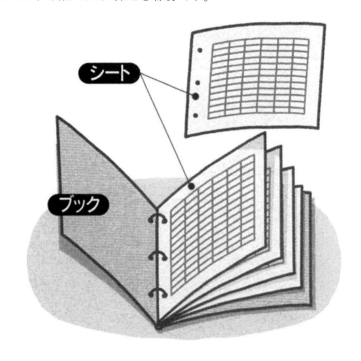

シート

ブック

フォーマットが統一されていれば、「串刺し集計（3-D集計）」も容易にできます。串刺し集計とは、同じフォーマットの複数シートの同じ場所に串を通して集計し、突き通した場所に答えがある、というイメージの集計方法です。

Excelで複数シートを活用することはExcelを効率的に活用することでもあるのです。

1. 複数シートへの書式設定

Excelを効率的に活用するため、複数シートを使った集計方法について学んでいきます。

複数シートを活用するうえでまず理解しておくべきことは、それぞれのシートは単体でもデータとして活用できるということです。そのため、複数のシートに個別のデータをまとめることができますが、1つでもわかりにくいシートがあると確認してもらう方によっては混乱をしてしまいます。つまり、それぞれのシートを集計、統合、分析に使うためにデータとして見やすい資料とする必要があります。

ここでは、複数シートの書式を合わせて見やすいデータとする方法を解説します。

（1）複数シートの選択・解除

① ブック「マルチシート」を開く

② シート「横浜」をクリックする

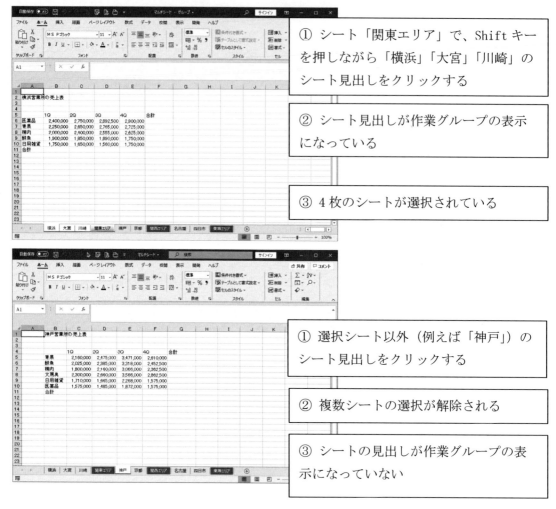

① シート「関東エリア」で、Shift キーを押しながら「横浜」「大宮」「川崎」のシート見出しをクリックする

② シート見出しが作業グループの表示になっている

③ 4枚のシートが選択されている

① 選択シート以外（例えば「神戸」）のシート見出しをクリックする

② 複数シートの選択が解除される

③ シートの見出しが作業グループの表示になっていない

OnePoint

複数シートの選択

　連続したシートを選択する際は、
　先頭シートをクリック→最終シート見出しを Shift キーを押しながらクリック

　連続しないシートを選択する際は、
　先頭シートをクリック→必要なシート見出しを Ctrl キーを押しながらクリック

OnePoint

複数シートの選択解除

　全てのシートを選択している場合は、いずれかのシート見出しをクリックすると選択を解除することができます。

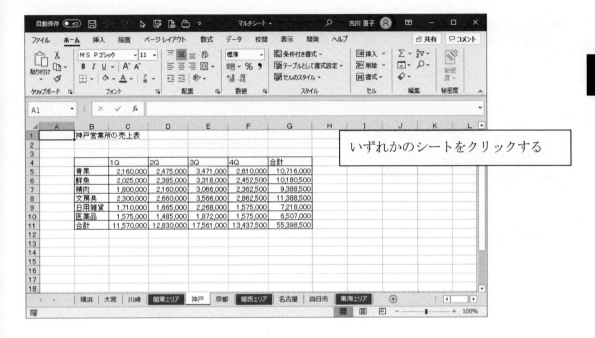

いずれかのシートをクリックする

	1Q	2Q	3Q	4Q	合計
青果	2,160,000	2,475,000	3,471,000	2,610,000	10,716,000
鮮魚	2,025,000	2,385,000	3,318,000	2,452,500	10,180,500
精肉	1,800,000	2,160,000	3,066,000	2,362,500	9,388,500
文房具	2,300,000	2,660,000	3,566,000	2,862,500	11,388,500
日用雑貨	1,710,000	1,665,000	2,268,000	1,575,000	7,218,000
医薬品	1,575,000	1,485,000	1,872,000	1,575,000	6,507,000
合計	11,570,000	12,830,000	17,561,000	13,437,500	55,398,500

（2）書式の設定

「横浜」から「関東エリア」の4シート
を選択する。

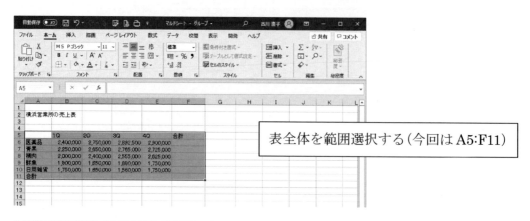

表全体を範囲選択する（今回はA5:F11）

① 「ホーム」タブをクリックする

② 「罫線」ボタンをクリックする

③ 「格子」をクリックする

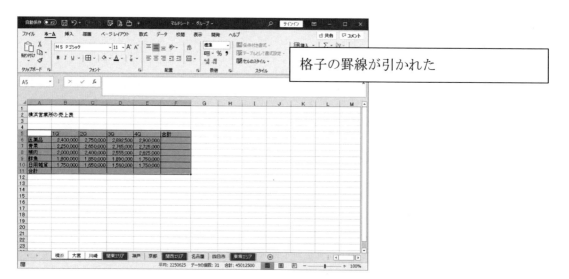

格子の罫線が引かれた

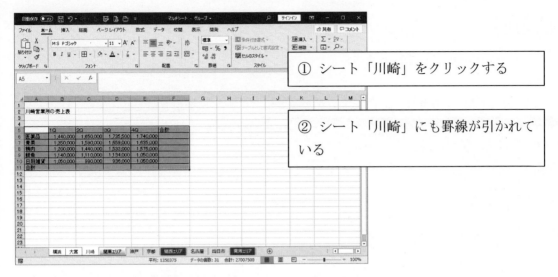

① シート「川崎」をクリックする

② シート「川崎」にも罫線が引かれている

① 選択シート以外のシート見出し（例えば「神戸」）をクリックする

② 複数シートの選択が解除される

TRY!

複数シートに書式設定しましょう

① 「神戸」「京都」「関西エリア」を作業グループにして、罫線を引きましょう。

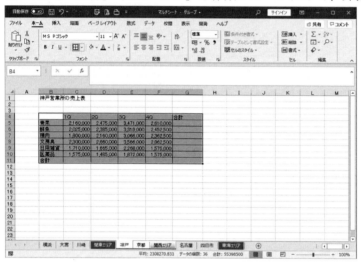

② 「名古屋」「四日市」「東海エリア」を作業グループにして、罫線を引きましょう。

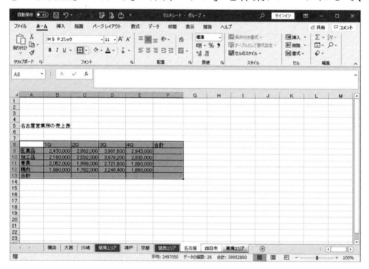

２．複数シートの集計

　次に、複数シートを使って行う集計方法について説明をします。

　一般的に、シートで縦、横（列、行）の数値計算を行う際には集計する値の範囲指定をして集計する方法や、直接セルに計算式を入力する方法などがあります。しかし、それらの方法では元データにある多くの数値を集計するには作業が煩雑になり、入力ミスなどに繋がる可能性があります。

　この項では、Excel の複数シートにあるデータの集計を同時に行う方法を説明します。

　「横浜」「大宮」「川崎」の３シートを作業グループにして、縦横集計してみましょう。

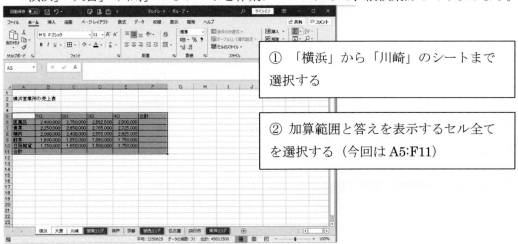

① 「横浜」から「川崎」のシートまで選択する

② 加算範囲と答えを表示するセル全てを選択する（今回は A5:F11）

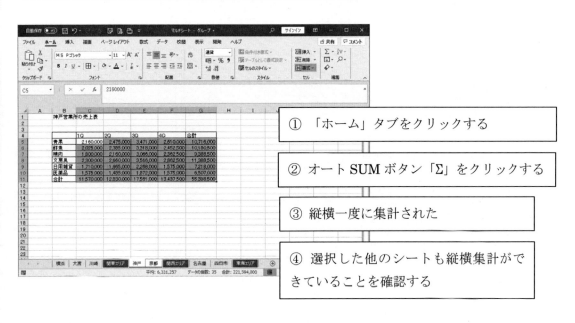

① 「ホーム」タブをクリックする

② オート SUM ボタン「Σ」をクリックする

③ 縦横一度に集計された

④ 選択した他のシートも縦横集計ができきていることを確認する

TRY!

複数シートの集計をしましょう。

①「神戸」「京都」を作業グループにして、縦横集計をしましょう。

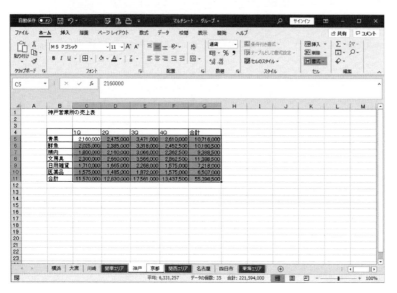

②「名古屋」「四日市」を作業グループにして、縦横集計をしましょう。

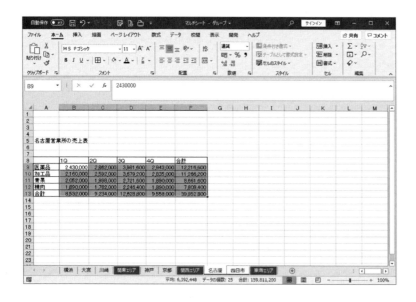

３．３－Ｄ集計

　複数のシートに分かれたデータを集計する方法に 3-D 集計があります。

　複数シートに同じ構造の表がある場合、各シートの同じセル番地に入力されている数値を合計するのが 3-D 集計です。串刺し集計とも言います。

　Excel には、複数のワークシートを参照する「3-D 参照」という機能が存在します。そこで「SUM 関数」を使用すると簡単に複数シートの表を集計することができます。

　この 3-D 集計（串刺し集計）を使ってデータ集計をするには一定の条件が整っている必要があります。

- 表の位置が同じ
- 表の場所が同じ
- 項目の順番も同じ
- 同じブックに存在する

　これらの条件を満たしていないとデータ集計をすることはできません。つまり、集計する数値が入力されているセル範囲が、複数のワークシートで同じセル範囲である必要があります。

　この項では、複数シートのデータを集計する 3-D 集計について説明していきます。

　「横浜」「大宮」「川崎」のシートにあるデータを、「関東エリア」シートに 3-D 集計してみましょう。

① 「関東エリア」のシートを選択する

② 3-D 集計する範囲を選択する（今回は B6:F11）

③ オート SUM ボタン「Σ」をクリックする

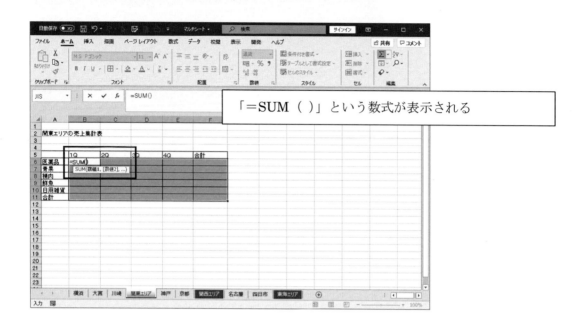

「＝SUM（ ）」という数式が表示される

① 「横浜」のシートをクリックする

② セル「B6」をクリックする

③ 数式バーに「＝SUM（横浜!B6）」と表示される

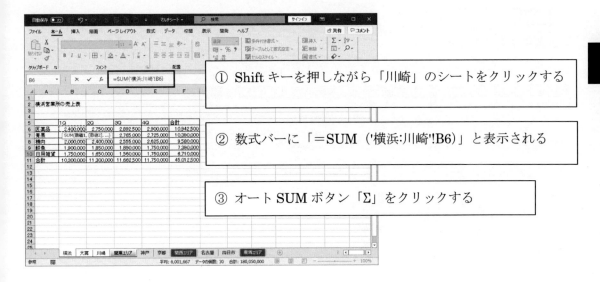

① Shift キーを押しながら「川崎」のシートをクリックする

② 数式バーに「＝SUM（'横浜:川崎'!B6)」と表示される

③ オート SUM ボタン「Σ」をクリックする

3-D 集計された

TRY!

3-D 集計をしましょう。

① 「神戸」「京都」のシートにあるデータを「関西エリア」シートに 3-D 集計しましょう。

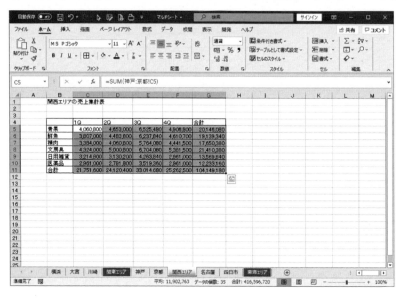

② 「名古屋」「四日市」のシートにあるデータを「東海エリア」シートに 3-D 集計しましょう。

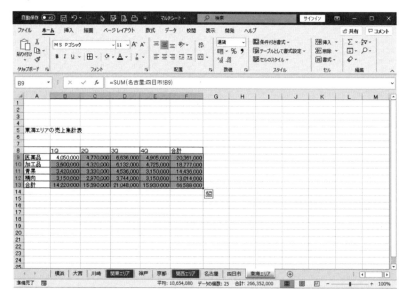

4．統合

　Excel には、複数のシートやブックに分散して作成、入力されている数値データを 1 つの表にまとめて集計することができる「統合」という機能があります。

　統合の機能を理解して活用することで、複数のシートに分散された数値データの集計を効率よく行うことができるとともに、複合的な情報を比較的簡単に、まとめて表示することも可能になります。

　データ集計において統合の機能を使う際には手順が多いため慣れていないと面倒に思うこともある機能ですが、データの順番や見出しがバラバラに表記されているような場合や、データの重複があるような場合でも、一つの表にまとめて表示することができる便利な機能です。

　この項では、複数のワークシート間の集計で、表の形が違う場合に使用する集計機能である統合について説明します。

　「関東エリア」「関西エリア」「東海エリア」の 3 つのシートを統合してみましょう。

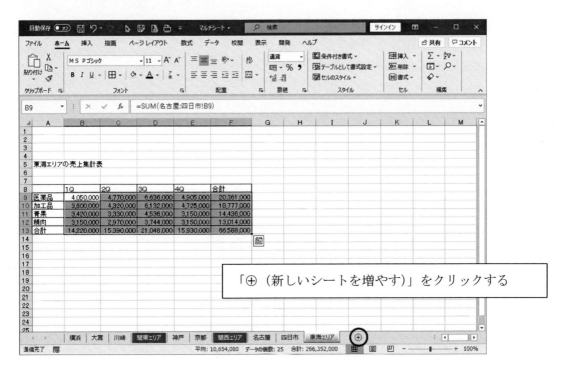

「⊕（新しいシートを増やす)」をクリックする

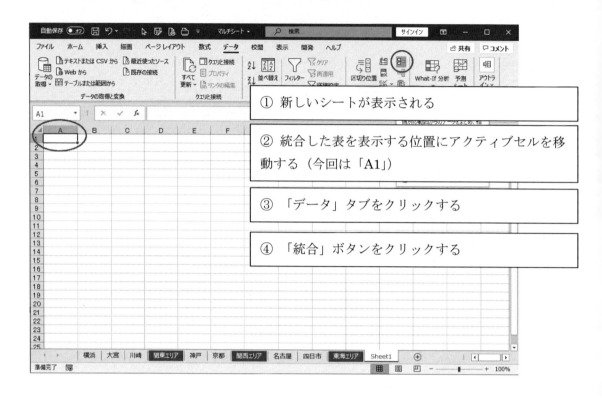

① 新しいシートが表示される

② 統合した表を表示する位置にアクティブセルを移動する（今回は「A1」）

③ 「データ」タブをクリックする

④ 「統合」ボタンをクリックする

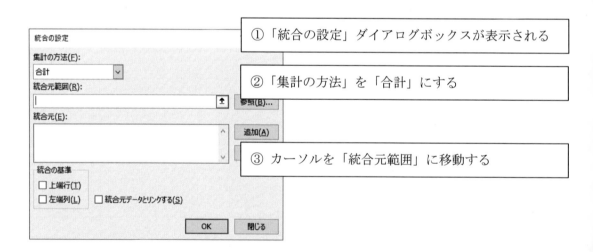

① 「統合の設定」ダイアログボックスが表示される

② 「集計の方法」を「合計」にする

③ カーソルを「統合元範囲」に移動する

① 「関東エリア」のシートを選択する

② 表全体を範囲選択する（今回は「A5:F11」）

① 「統合元範囲」に選択した範囲が表示される

② 「追加」ボタンをクリックする

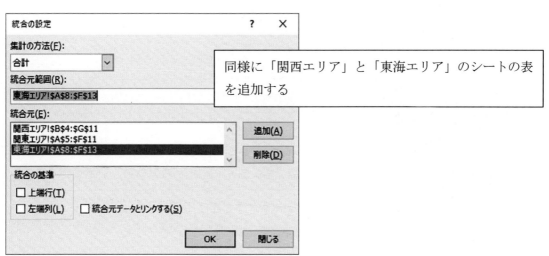

同様に「関西エリア」と「東海エリア」のシートの表を追加する

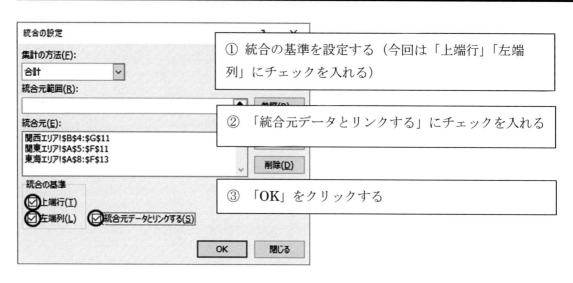

① 統合の基準を設定する（今回は「上端行」「左端列」にチェックを入れる）

② 「統合元データとリンクする」にチェックを入れる

③ 「OK」をクリックする

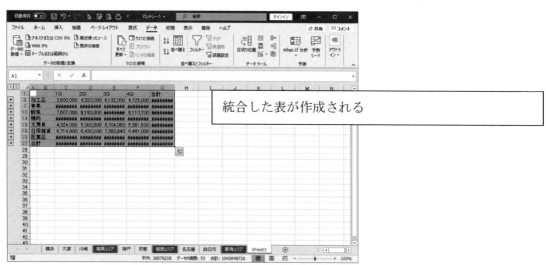

統合した表が作成される

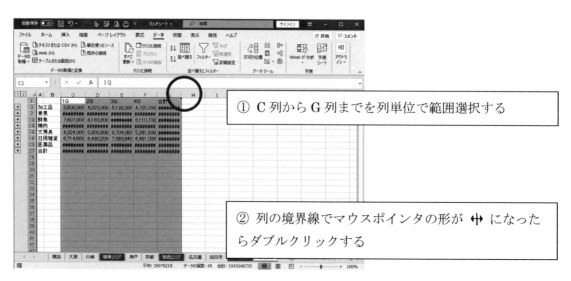

① C列からG列までを列単位で範囲選択する

② 列の境界線でマウスポインタの形が ↔ になったらダブルクリックする

列幅が自動調整された

■ アウトライン表示

　機能を実行するとアウトラインが自動的に作成されます。

　アウトラインとは、表の行や列にレベルを設けて、必要なレベルのデータだけを表示することができる機能です。

① アウトライン記号が表示されていることを確認する

② アウトライン記号の**2**をクリックする

全てが展開される

① アウトライン記号の 1 をクリックする

② 全ての詳細行が折りたたまれた

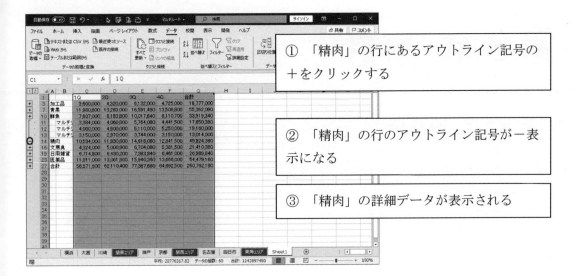

TRY!

デスクトップに「練習」という名前で保存し、Excel を閉じてください。

第3章 集計

1．様々なデータ集計

　本書のはじめにも述べましたが、集計とは無作為に羅列された文字データや数値データを、ある一定の目的のために質的データや量的データの数を集めて合計したもののことを言います。そして、集計されたデータの結果を見ただけでそれが何を意味するのか、どの様な特性や傾向にあるのかを判断しやすいようにすることが、集計の本来の目的になります。

　ビジネスにおける判断を必要とするときに、明確な指針として使うには、データとして集められた数値を「可視化すること」が重要になります。

　この項では、一般にイメージされている「集計」と本来の「集計」の違いを理解して、どの様に数値を可視化するのかを説明していきます。

　まず、はじめに皆さんがイメージする「集計」とはどのようなものでしょうか？
　筆者が、ある企業の販売企画部の方と販売促進のキャンペーン運営について打ち合せをしていた時に、以下のようなやり取りがありました。
　販売促進のキャンペーン運営には、イベントブースの設営、サンプル商品やチラシなどの配布物の発送、商品や企業に対するアンケートの作成と実施そして、結果の入力など多種の業務があります。
　筆者のコンサルティング経験から、販売促進キャンペーンの運営にまつわる様々な業務を効率的に進めるため、
「既製品との差別化の提案は、営業部が担当するとメリット、デメリットを伝えられます」
「商品や販促物の発送は、イベント会社に委託した方がスムーズです」
　など、効果的かつ有益な方法を伝えました。
　事前の打ち合わせも概ね終盤に差し掛かった時、新商品に関するアンケート回収、データ入力後の集計に関する話になりました。

　筆者は、アンケートデータを集計するため、クライアント企業がアンケートからどの様な消費者動向を知りたいのか、商品を消費者に訴求するためのポイントをつかみたいのか、など様々な目的の確認をしました。
　しかし、クライアント企業から返ってきた言葉は、

「見やすく規則的にデータが入力されていること」

「小計、合計が正しく入力されていること」

「資料として、キチンと見られるものになっていること」

　と、アンケート結果を集計、統合、分析に活用するために使うというより販売促進キャンペーンの社内報告書としてのみ利用できれば良い、というものでした。

　このことからわかることは、そのクライアントが求めていたデータ集計は、報告書として使う資料として単純集計をした数値データ、即ち「ローデータ」であり、本来の集計データとは全く違うものだということです。

　この様な集計に対する認識の違いは多くあります。本書を手にした皆さんも、集計とは数値データの単純合計をした見やすく規則的な表である、と認識していませんか。

　集計とは、「きれいに数字（データ）が並んでいて、小計、合計が入っているもの」ではなく、物事の判断や指針を示すため数値を可視化するものです。

　確かに、Excel で数値が羅列されたものも集計と考えられるかもしれませんが、集計の本来の目的は「可視化」であり、集められたデータの結果を、見やすく、わかりやすくする工夫が必要です。

　単純計算をしただけの入力データとは、ローデータと呼ばれるいわば集計の素材であり、これを元に、グラフや表を作成してはじめて集計といえるのです。

　この章では、ローデータを加工する様々な集計について説明します。

２．小計

　データ分析を行うために、項目ごとに集計したいケースがあります。ここでは「小計」機能を使って集計をしてみましょう。

（1）小計の準備

　小計するためには、小計する項目で並べ替えが行われている必要があります。

　今回は、所属別の残業時間平均を算出するので、所属別で並べ替えを行いましょう。

① ブック「データ」を開く

② シート見出しを Ctrl キーを押しながらドラッグする

シートがコピーされた

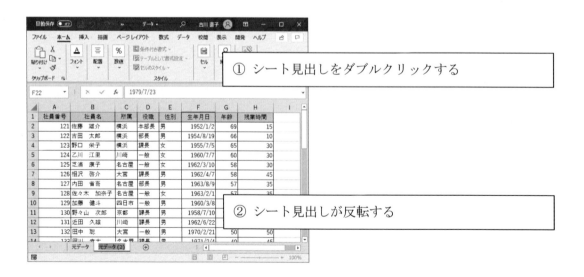

① シート見出しをダブルクリックする

② シート見出しが反転する

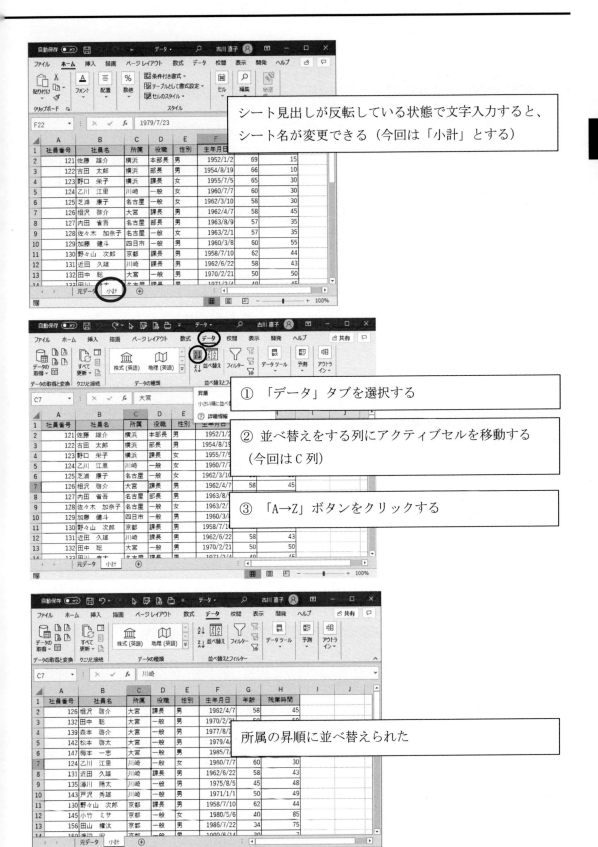

シート見出しが反転している状態で文字入力すると、
シート名が変更できる（今回は「小計」とする）

① 「データ」タブを選択する

② 並べ替えをする列にアクティブセルを移動する
（今回はC列）

③ 「A→Z」ボタンをクリックする

所属の昇順に並べ替えられた

（2）小計

所属別の残業時間平均を算出してみましょう。

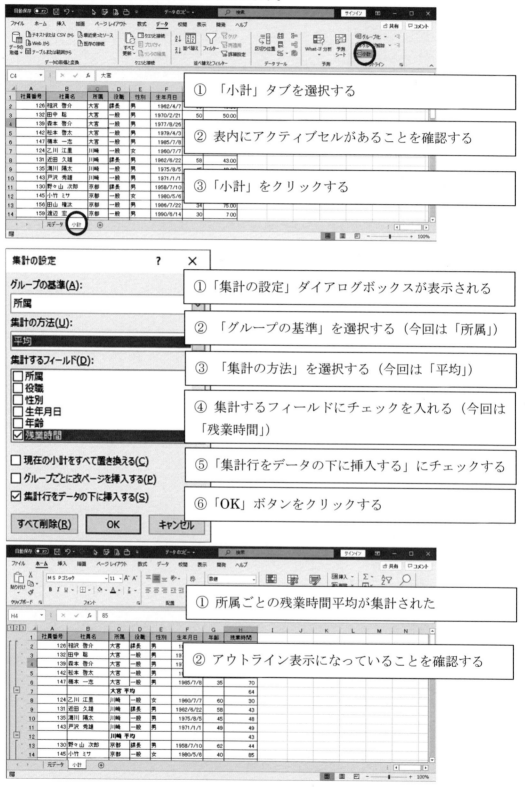

（3）表示の統一

現在作成しているデータは、小数点表示があったり、なかったりと表示桁数がバラバラです。比較が容易なように、残業時間の表示桁数を揃えましょう。今回は、小数点第 2 位までの表示にします。

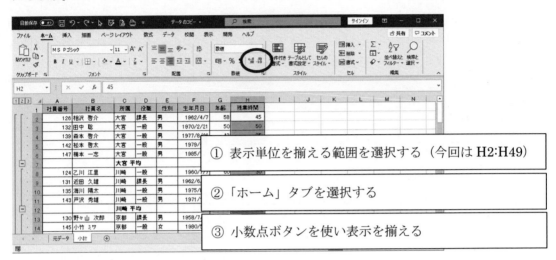

① 表示単位を揃える範囲を選択する（今回は H2:H49）

②「ホーム」タブを選択する

③ 小数点ボタンを使い表示を揃える

表示桁数が揃った

（4）集計項目の追加

　今回の小計で、所属ごとにおおよそどれぐらいの残業をしているかということがわかりました。しかし、平均にはバラツキが考慮されていません。

　例えば、下表を見てください。AとBの平均を算出した表です。どちらも平均は「25」と同じです。では、バラツキはどうでしょうか？これが残業時間だとすると、Aの方は人によって若干多い、少ないはあるものの大体同じぐらいの残業時間になっています。しかし、Bの方は、一人だけ「85」と突出して多い残業時間の人がいます。

| A | 30 | 25 | 15 | 35 | 25 | 20 | 25 |
| B | 5 | 25 | 20 | 5 | 10 | 85 | 25 |

こういったバラツキ具合を見ることができるのが「分散」や「標準偏差」です。
今回は、小計機能を利用して「標準偏差」を追加してみましょう。

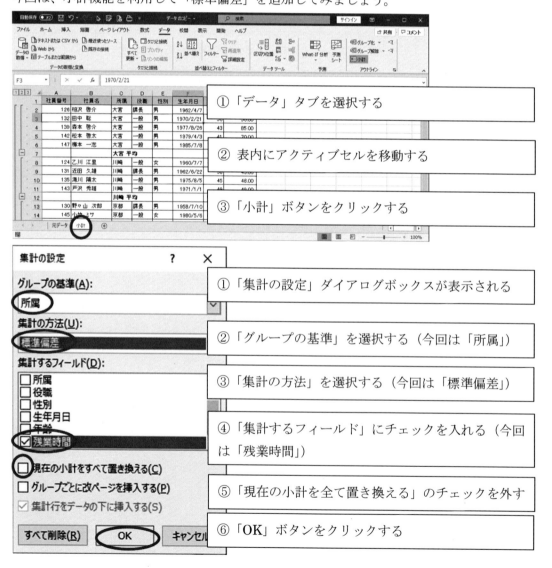

① 「データ」タブを選択する

② 表内にアクティブセルを移動する

③ 「小計」ボタンをクリックする

① 「集計の設定」ダイアログボックスが表示される

② 「グループの基準」を選択する（今回は「所属」）

③ 「集計の方法」を選択する（今回は「標準偏差」）

④ 「集計するフィールド」にチェックを入れる（今回は「残業時間」）

⑤ 「現在の小計を全て置き換える」のチェックを外す

⑥ 「OK」ボタンをクリックする

標準偏差が追加された

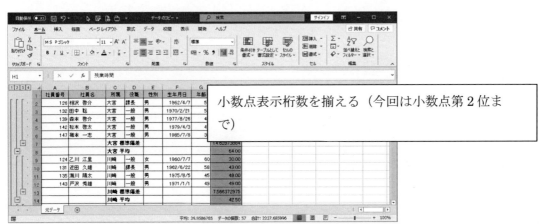

小数点表示桁数を揃える（今回は小数点第2位まで）

OnePoint

データのバラツキ

データのバラツキを表す指標としては、「分散」「標準偏差」「レンジ」などがあります。
これらの値が大きいほどデータのバラツキが大きいといえます。

分散	個々のデータと平均値との差を2乗した値の合計をデータの個数で割った値
標準偏差	分散の平方根
レンジ	データの最大値と最小値の差

3．関数を使った集計

（1）COUNTIF 関数

COUNTIF 関数は、指定した範囲内で条件を満たしているセルの個数を返します。

今回は所属ごとの社員数を求めてみましょう。

> COUNTIF 関数
>
> ＝COUNTIF 関数（範囲,検索条件）

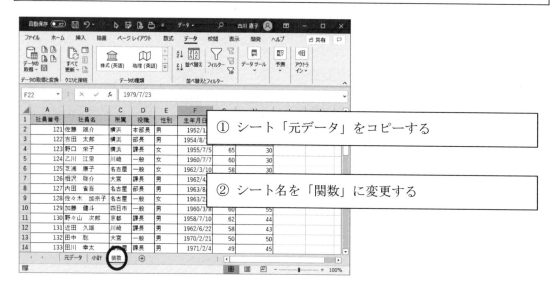

① シート「元データ」をコピーする

② シート名を「関数」に変更する

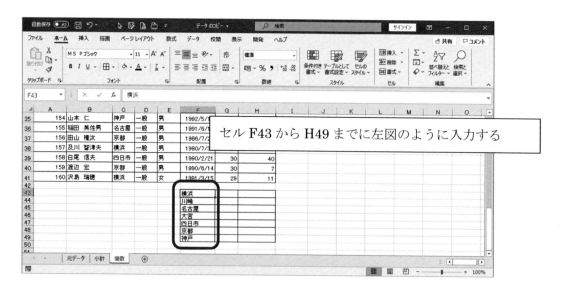

セル F43 から H49 までに左図のように入力する

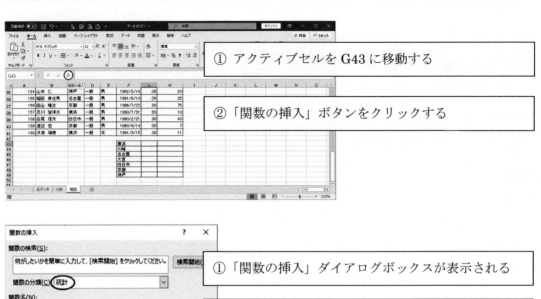

① アクティブセルを G43 に移動する

② 「関数の挿入」ボタンをクリックする

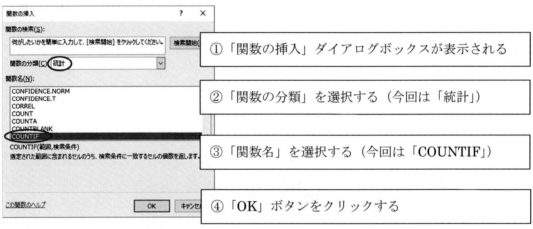

① 「関数の挿入」ダイアログボックスが表示される

② 「関数の分類」を選択する（今回は「統計」）

③ 「関数名」を選択する（今回は「COUNTIF」）

④ 「OK」ボタンをクリックする

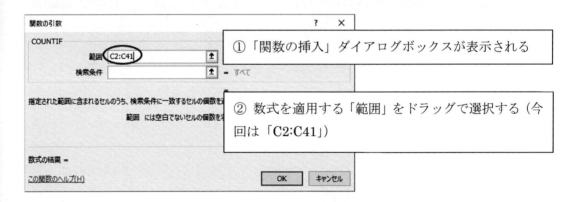

① 「関数の挿入」ダイアログボックスが表示される

② 数式を適用する「範囲」をドラッグで選択する（今回は「C2:C41」）

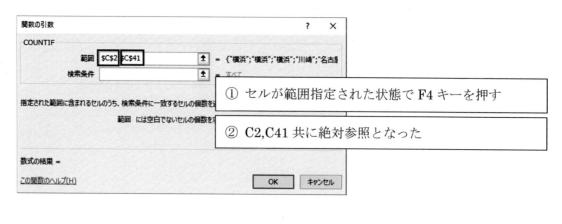

① セルが範囲指定された状態で F4 キーを押す

② C2,C41 共に絶対参照となった

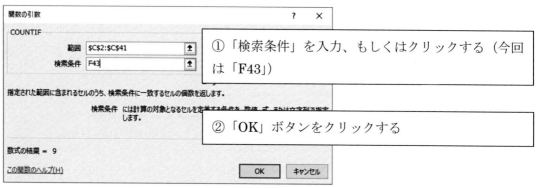

①「検索条件」を入力、もしくはクリックする（今回は「F43」）

②「OK」ボタンをクリックする

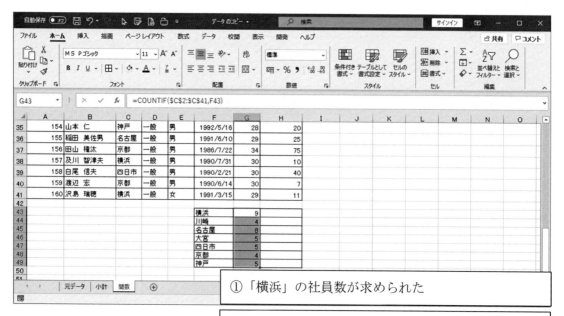

①「横浜」の社員数が求められた

② セル G49 まで数式をコピーする

（2）AVERAGEIF 関数

AVERAGEIF 関数は、条件に合うものの平均値を返すことができます。

今回は、所属ごとの残業時間の平均を求めてみましょう。

```
AVERAGEIF 関数
        ＝AVERAGEIF 関数（範囲,条件,平均対象範囲）
```

① アクティブセルを H43 に移動する

② 「関数の挿入」ボタンをクリックする

① 「関数の挿入」ダイアログボックスが表示される

② 「関数の分類」を選択する（今回は「統計」）

③ 「関数名」を選択する（今回は「AVERAGEIF」）

④ 「OK」ボタンをクリックする

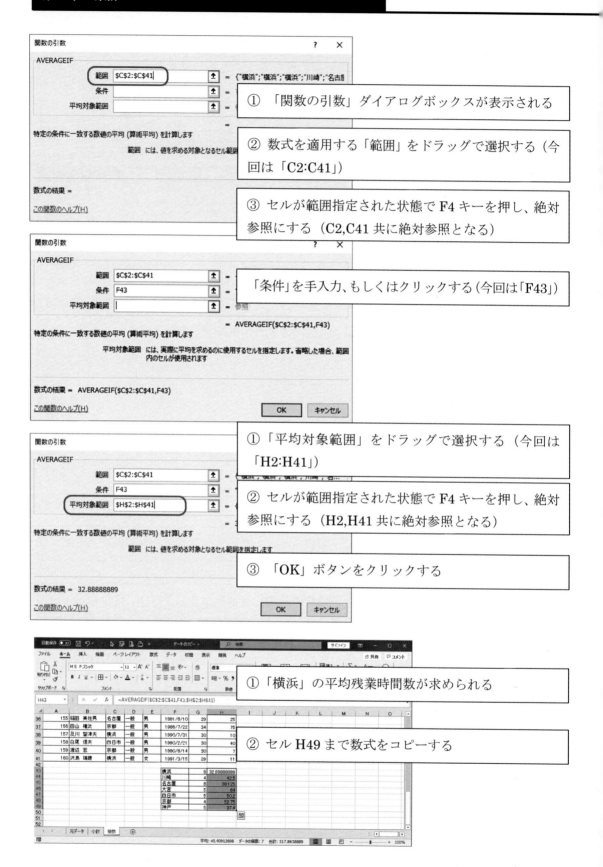

TRY!

H列の所属別残業時間平均を小数点第2位の表示にしましょう。

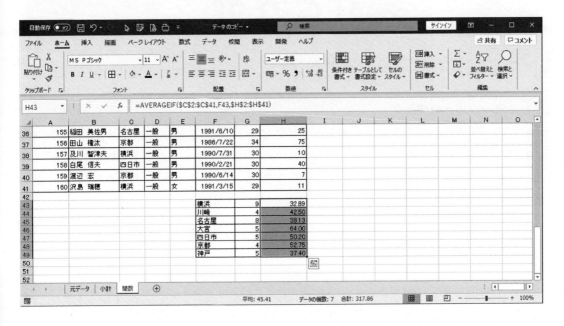

第４章 ピボットテーブルでの集計と分析

１．ピボットテーブルとは何か？

ピボットテーブルとは何か？

　Excel の「挿入」タブをクリックすると「ピボットテーブル」が表示されます。ビジネスで Excel を使う皆さんは、機能としてあることは知っているが、使ったことがないもしくは、そもそも、何をする（何ができる）機能かよくわからない、というのが本音ではないでしょうか？

　実際、以前は筆者も、データ集計や分析をする際に、ピボットテーブルを使用することはほとんどありませんでした。やはり使い方と実用性がよくわからなかったためです。Excel に実装されていながら、一般的な Excel ユーザーの使用頻度が低い機能とも考えられます。

　しかし、分析をおこなうには、ピボットテーブルを使うことで膨大なデータを整理し必要な情報のみを抽出することができます。この章では、「ピボットテーブル」の基礎を学び、「どんなことができるのか」を説明し、データ分析を実践できるように習得します。

　さて、あなたは自信を持って「Excel を使いこなせます！」と、言えますか？

　Excel には実にさまざまな機能が装備されています。数ある機能の中で、最低限「これ」をマスターしていなければ、「Excel が使いこなせます！」とは言い難い機能がいくつかあります。

　その代表的な機能の１つが「ピボットテーブル」なのです。

　我々が精力的に活動するビジネスシーンでは、ビッグデータや IoT という言葉が一般化しつつあります。そして、日々のビジネス活動の中で膨大なデータがいくつも生成され、蓄積されており、経済界または業界のトップをいく先進的な企業は、そのデータを活用して競争力を高めています。多くの大企業は、活動の過程で得られるデータを意思決定に生かす目的で分析し、そのデータ分析やレポートの作成を行います。その分析結果はビジネスの意思決定において非常に重要なデータとなります。

　しかし多くの企業（特に中堅、中小企業）では、蓄積されたデータを効果的に活用して価値を見いだすことができていないのが現状ともいえます。そもそも、どの様な方法で、何を分析すればいいかも分からないという企業が多いともいえます。

　今後のビジネスで必須ともいえる Excel を使いこなす第一歩として、データ集計と分析の重要ツールである「ピボットテーブル」をマスターするための説明をしていきます。

２．ピボットテーブルの基本操作

　ピボットテーブルとは、リスト形式で用意されたデータを任意の形式で分類し、集計する機能です。データベースを統合し、集計や分析を行うことで、任意の形に変えられます。例えば、膨大な量のデータが蓄積された中から、「担当ごとの売上」「商品名ごとの売上」といった得たい情報を簡単に抽出できます。

　また、特別な関数などを知らなくても、様々な視点で集計をすることが可能です。

　といっても、文字での説明だけで理解することは難しいため、実際に試しながら確認していきましょう。「ピボットテーブルは、難しそうで避けてきた」という人も、本書を通してピボットテーブルの基礎を身につければ、「けっこう簡単で、いろいろな集計が瞬時にできる」と Excel を使いこなせるはずです。

　今回は所属別の残業時間の平均を算出してみます。

（１）ピボットテーブルの作成

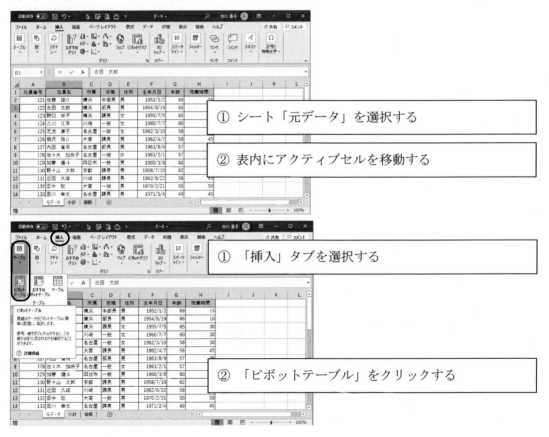

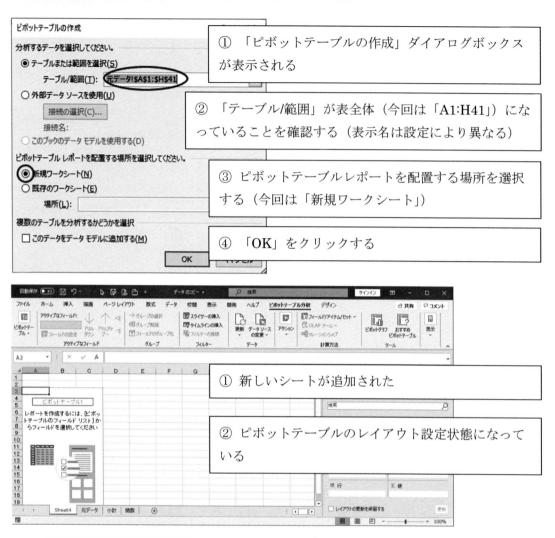

① 「ピボットテーブルの作成」ダイアログボックスが表示される

② 「テーブル/範囲」が表全体（今回は「A1:H41」）になっていることを確認する（表示名は設定により異なる）

③ ピボットテーブルレポートを配置する場所を選択する（今回は「新規ワークシート」）

④ 「OK」をクリックする

① 新しいシートが追加された

② ピボットテーブルのレイアウト設定状態になっている

「ピボットテーブルのフィールドリスト」の中にある「所属」フィールドを行エリアまでドラッグする

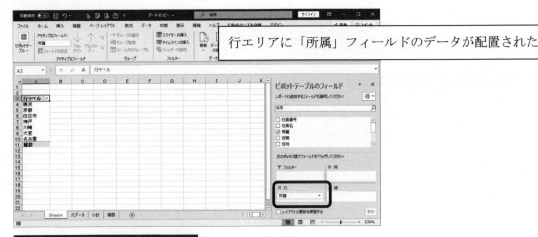

行エリアに「所属」フィールドのデータが配置された

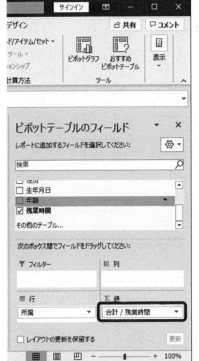

同様に、「ピボットテーブルのフィールドリスト」の中から「残業時間」フィールドを値エリアにドラッグする

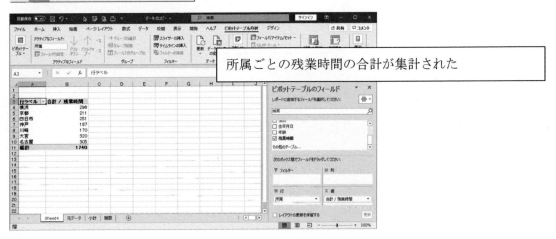

所属ごとの残業時間の合計が集計された

（２）集計方法変更

　所属別の残業時間の合計を平均に変更してみましょう。

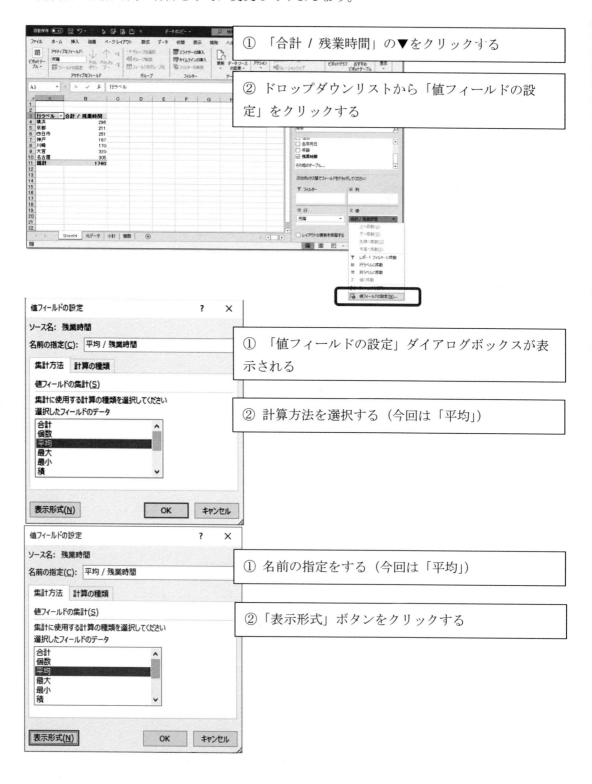

① 「合計 / 残業時間」の▼をクリックする

② ドロップダウンリストから「値フィールドの設定」をクリックする

① 「値フィールドの設定」ダイアログボックスが表示される

② 計算方法を選択する（今回は「平均」）

① 名前の指定をする（今回は「平均」）

②「表示形式」ボタンをクリックする

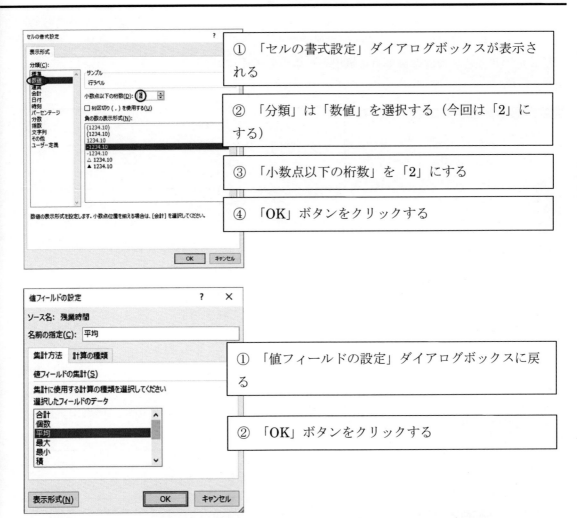

① 「セルの書式設定」ダイアログボックスが表示される

② 「分類」は「数値」を選択する（今回は「2」にする）

③ 「小数点以下の桁数」を「2」にする

④ 「OK」ボタンをクリックする

① 「値フィールドの設定」ダイアログボックスに戻る

② 「OK」ボタンをクリックする

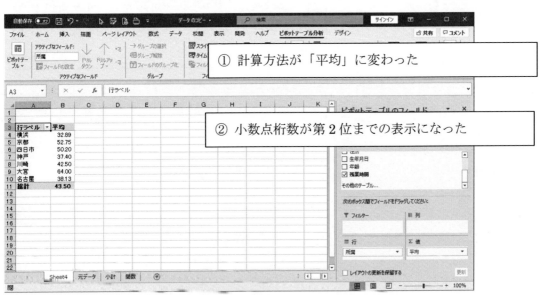

① 計算方法が「平均」に変わった

② 小数点桁数が第2位までの表示になった

（3）フィールドの追加

　所属別の残業時間の標準偏差値を算出し、平均と比較しやすいように並べて表示してみましょう。

「ピボットテーブルのフィールドリスト」の中にある「残業時間」フィールドを「値」ボックスまでドラッグする

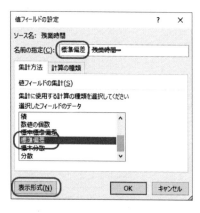

① 追加したフィールドの計算方法を「標準偏差」に変更する

② フィールド名を「標準偏差」に変更する

③「表示形式」ボタンをクリックし、小数点以下の桁数を「2」にする　フィールド名を「標準偏差」に変更する

小数点表示が第2位に揃っているのを確認する

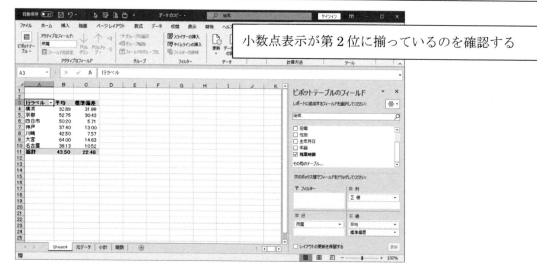

TRY!

フィールドを追加しましょう。

① さらにもう一つ値エリアに残業時間を追加し、計算方法を「最大値」に変更しましょう。

② フィールド名を「最大時間」に変更しましょう。

③ 値の表示桁数を小数点第2位表示に揃えましょう。

④ シート見出しを「所属別」に変更しましょう。

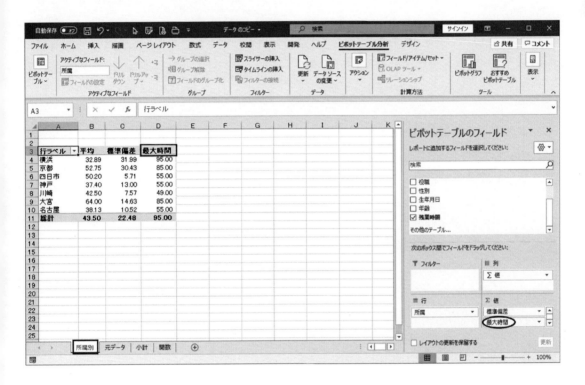

３．クロス集計でできること

「クロス集計」と聞いてどの様な集計方法かわかりますか？

　本書を手にして初めて聞いたという方も多いのではないかと思います。

　クロス集計とは、全体の結果を集計する際に使用する「GT（単純）集計」に対して、元データの分析したい項目を分析軸として、各項目のデータを細かく集計する際の集計方法のことをいいます（GTとは、「グランドトータル grand total」の略です）。

　クロス集計は、データ分析をする際いくつかの分析軸、例えば、年齢別でどのような違いがあるのか、所属先別でどのような違いがあるのか、などを確認する際に有用です。別の言い方で、設問間クロス集計とも言います。

　ビジネスシーンでクロス集計が最も効果を発揮するケースの一つに、不特定多数の利用者または、無記名式アンケートなどの調査結果集計などがあります。

　アンケート調査の場合、いくつかの質問で様々なデータを収集します。例えば、性別、年代、家族構成、利用頻度、満足度などです。

　具体的な例として、旅行に関するアンケートを800人のユーザーに行ったとします。

　設問①
　性別を教えてください。
　男性　　　　　　　女性

　設問②
　海外旅行が好きですか？
　好き　　　　　　　嫌い　　　　　　　　どちらでもない

　アンケートの結果を GT（単純）集計した場合、次のような集計結果になります。

GT（単純）集計

設問①

性別を教えてください。

	実数	比率
男性	350人	43.75%
女性	450人	56.25%

設問②

海外旅行が好きですか？

	実数	比率
好き	250人	31.25%
嫌い	150人	18.75%
どちらでもない	400人	50.00%

　GT（単純）集計の結果から、海外旅行が好きか、嫌いかという設問に対して「どちらでもない」という回答が最も多いことはわかります。しかし、「どちらでもない」と回答した人の男女比については、知ることが出来ません。

　GT（単純）集計を活用して、「どちらでもない」と回答した方の男女比を知るには、再度、元データから集計を行う必要があります。

　この様な時、クロス集計を活用すると、以下のようなデータ集計ができます。

海外旅行が好きですか？

	実数		
	好き	嫌い	どちらでもない
全体	250人	150人	400人
男性	94人	91人	165人
女性	156人	59人	235人

	割合		
	好き	嫌い	どちらでもない
全体	31.25%	18.75%	50.00%
男性	26.36%	26.00%	47.14%
女性	34.67%	13.11%	52.22%

　この様に男女別の海外旅行に対する考えを把握することで、どこをターゲットに営業をしていくべきかを判断することができます。

　あなたが、旅行会社の営業であった時、人数・比率ともに一番多い「女性」で「どちらでもない」と回答をした、海外旅行に対して特に関心のない女性をターゲットにする場合は、マスマーケティング戦略が有効になります。
　また、アンケートの回答で海外旅行が嫌いと答えた女性をターゲットにする場合はニッチ市場を狙う、ニッチャー戦略が有効と考えることができます。

　このようにクロス集計を行い、データを効果的に活用するためには、ピボットテーブルを活用した集計を行うことが必要になります。

　この項では、クロス集計の基本について説明していきます。

４．クロス集計

（１）新しいピボットテーブルの挿入

　クロス集計とは、項目を掛け合わせて集計する手法です。項目を行と列に分け、それぞれが交わるセルに、集計値を表示する表をクロス集計表と言います。Excel では、ピボットテーブルを利用すると簡単にクロス集計を行うことができます。
　今回は、所属と年齢を掛け合わせた残業時間の平均を集計してみましょう。

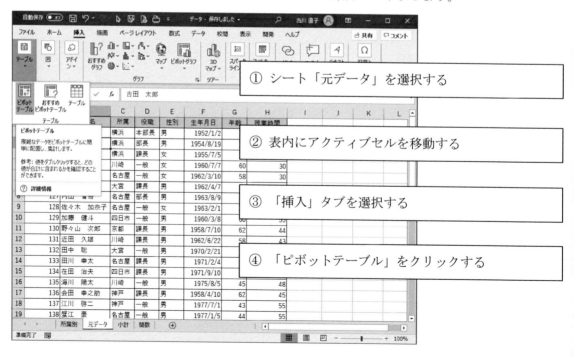

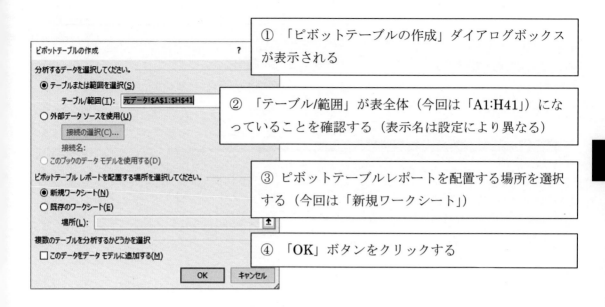

① 「ピボットテーブルの作成」ダイアログボックスが表示される

② 「テーブル/範囲」が表全体（今回は「A1:H41」）になっていることを確認する（表示名は設定により異なる）

③ ピボットテーブルレポートを配置する場所を選択する（今回は「新規ワークシート」）

④ 「OK」ボタンをクリックする

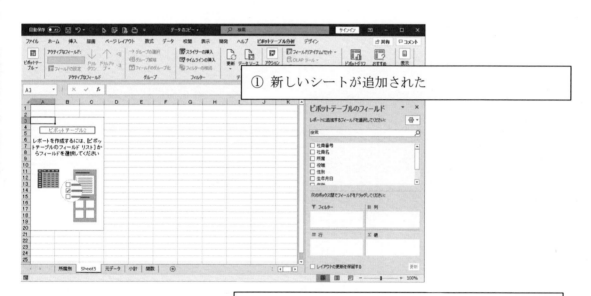

① 新しいシートが追加された

② ピボットテーブルのレイアウト設定状態になっている

下記「ピボットテーブルのフィールド」をそれぞれ
ドラッグして配置する。
行エリア:「所属」
列エリア:「年齢」
値エリア:「残業時間」

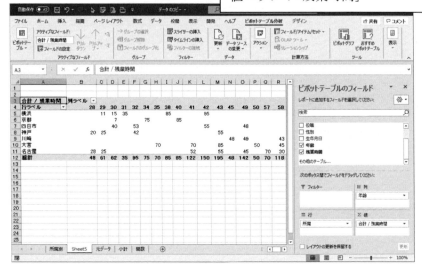

① 「合計 / 残業時間」の▼をクリックする)

② 「値フィールドの設定」ダイアログボックスが表示される。

③ 値エリアの集計方法を変更する(今回は「平均」)

④ 「OK」ボタンをクリックする

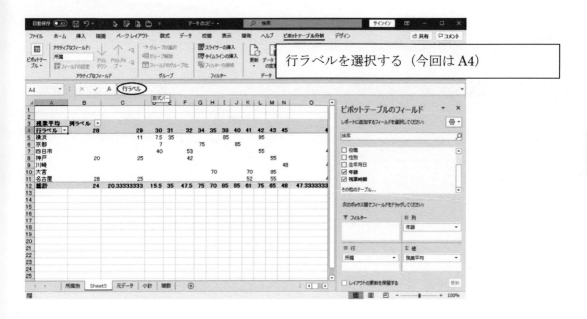

行ラベルを選択する（今回は A4）

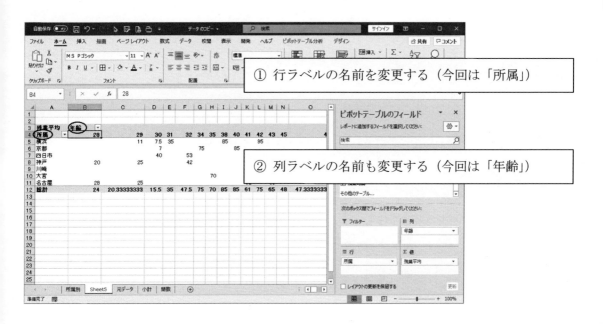

① 行ラベルの名前を変更する（今回は「所属」）

② 列ラベルの名前も変更する（今回は「年齢」）

（2）フィールドのグループ化

　年代別に比較しやすくするために、年齢のフィールドを10歳単位でグループ化しましょう。

① 年齢フィールドのいずれかにアクティブセルを移動する

② 「ピボットテーブル分析」タブを選択する

③ 「フィールドのグループ化」ボタンをクリックする

① 先頭の値を指定する（「今回は「20」）

② 末尾の値を指定する（今回は「70」）

③ 単位を指定する（今回は「10」）

④ 「OK」ボタンをクリックする

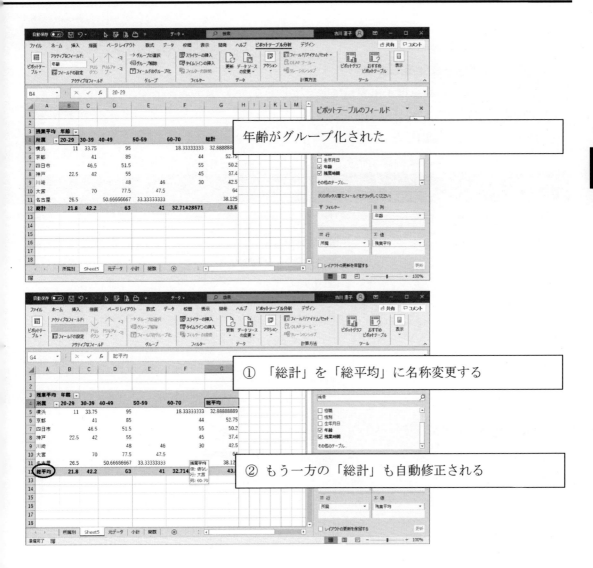

年齢がグループ化された

① 「総計」を「総平均」に名称変更する

② もう一方の「総計」も自動修正される

ピボットテーブルでの集計と分析

TRY!

見やすいレイアウトに変更しましょう。

① 値の表示桁数を小数点第1位表示に揃えましょう。

② 列幅を調整しましょう。

③ Sheet5のシート見出しを「所属と年齢」に変更しましょう。

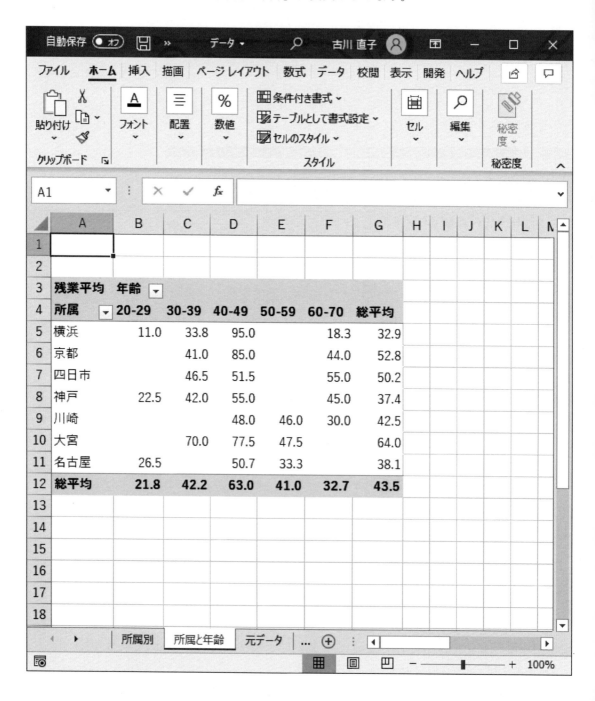

所属	20-29	30-39	40-49	50-59	60-70	総平均
横浜	11.0	33.8	95.0		18.3	32.9
京都		41.0	85.0		44.0	52.8
四日市		46.5	51.5		55.0	50.2
神戸	22.5	42.0	55.0		45.0	37.4
川崎			48.0	46.0	30.0	42.5
大宮		70.0	77.5	47.5		64.0
名古屋	26.5		50.7	33.3		38.1
総平均	21.8	42.2	63.0	41.0	32.7	43.5

残業平均　年齢

OnePoint

行列の総計の表示

ピボットテーブルのオプション設定から、行および列の総計を表示するかどうかを設定することができます。

① ピボットテーブル内で右クリックする

② ピボットテーブルオプションを選択する

③ 「集計とフィルター」タブを選択する

④ 総計を表示する場合にはチェックを入れる

残業平均	年齢				
所属	20-29	30-39	40-49	50-59	60-70
横浜	11.0	33.8	95.0		18.3
京都		41.0	85.0		44.0
四日市			46.5	51.5	55.0
神戸	22.5	42.0	55.0		45.0
川崎			48.0	46.0	30.0
大宮		70.0	77.5	47.5	
名古屋	26.5		50.7	33.3	

参考：総計が表示されていないピボットテーブル

（3）詳細データの表示

　ピボットテーブルでは、集計元の詳細データを新しいシートに表示することができます。今回は、残業時間の平均が比較的少ない横浜の20代の詳細データを表示してみましょう。

詳細データを表示したいセルをダブルクリックする
（今回は「C5」）

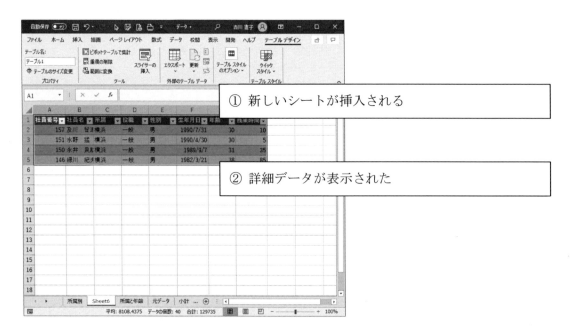

① 新しいシートが挿入される

② 詳細データが表示された

（4）レポートフィルター

　レポートフィルターを利用するとピボットテーブルの構成要素ではないフィールドを使って絞り込みをすることができます。

　今回は、性別で絞り込みをしてみましょう。

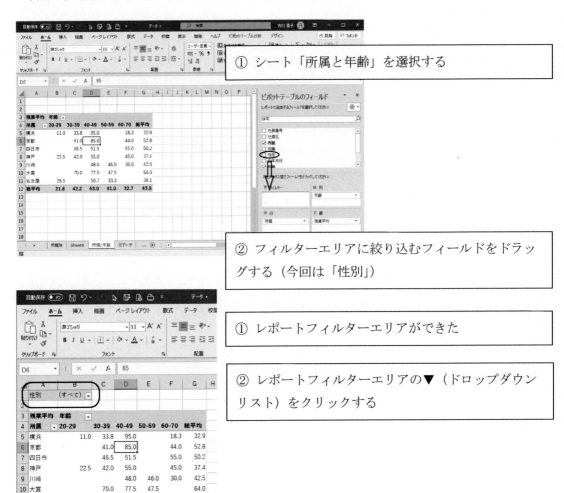

① シート「所属と年齢」を選択する

② フィルターエリアに絞り込むフィールドをドラッグする（今回は「性別」）

① レポートフィルターエリアができた

② レポートフィルターエリアの▼（ドロップダウンリスト）をクリックする

ドロップダウンリストが表示された

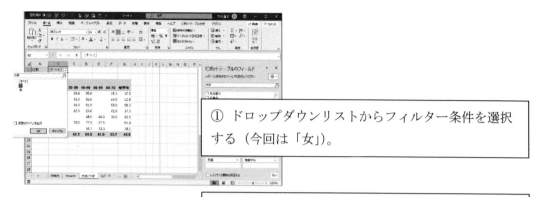

① ドロップダウンリストからフィルター条件を選択する（今回は「女」）。

② 「OK」ボタンをクリックする

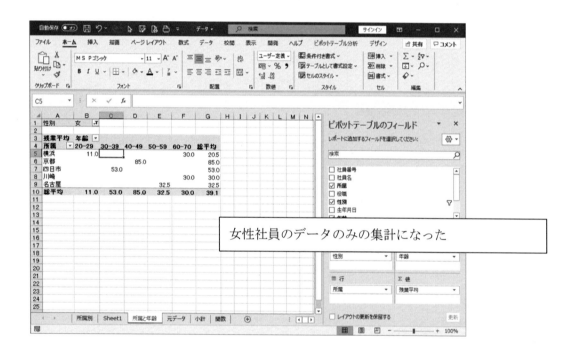

女性社員のデータのみの集計になった

（5）レポートフィルターページの表示

　レポートフィルターエリアに配置したフィールドは、項目ごとに新規シートに表示できます。レポートフィルターエリアに配置した性別ごとのピボットテーブルを、それぞれ新しいシートに作成しましょう。

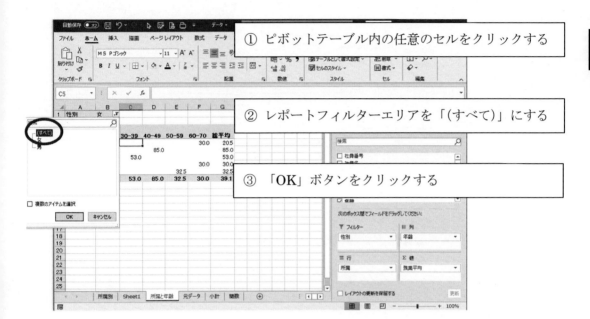

① ピボットテーブル内の任意のセルをクリックする

② レポートフィルターエリアを「(すべて)」にする

③ 「OK」ボタンをクリックする

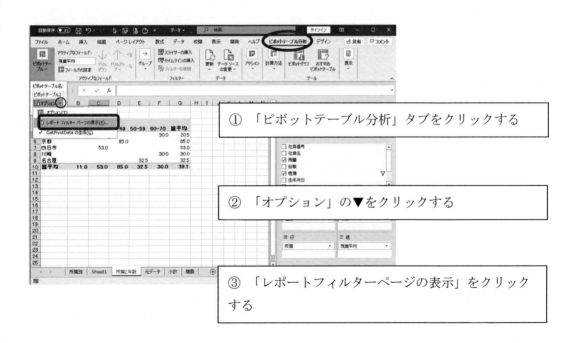

① 「ピボットテーブル分析」タブをクリックする

② 「オプション」の▼をクリックする

③ 「レポートフィルターページの表示」をクリックする

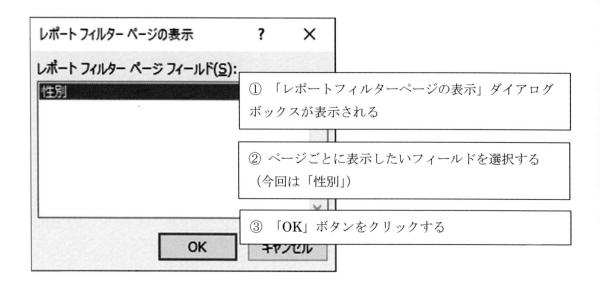

① 「レポートフィルターページの表示」ダイアログボックスが表示される

② ページごとに表示したいフィールドを選択する（今回は「性別」）

③ 「OK」ボタンをクリックする

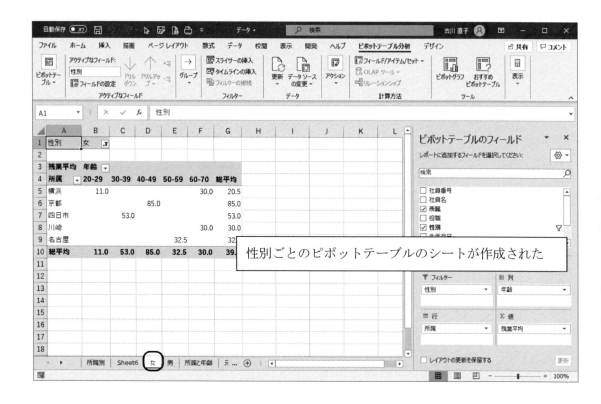

性別ごとのピボットテーブルのシートが作成された

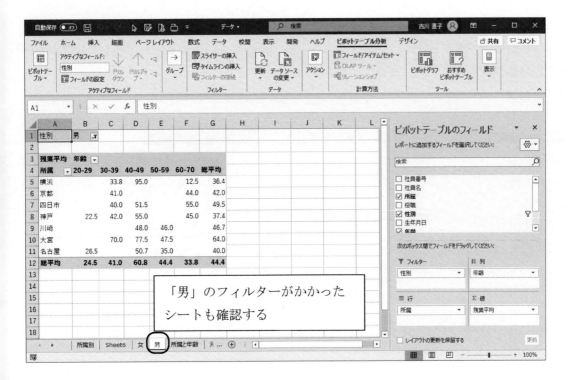

「男」のフィルターがかかった
シートも確認する

（6）データの更新

　作成したピボットテーブルは、元の表のデータと連動していますが、ピボットテーブルのデータは自動更新されません。表のデータを変更した場合には、ピボットテーブルのデータを更新する必要があります。

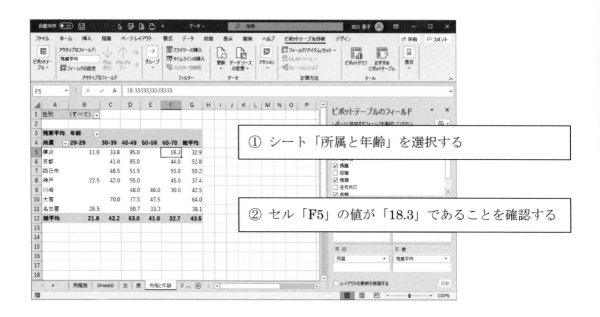

① シート「所属と年齢」を選択する

② セル「F5」の値が「18.3」であることを確認する

① シート「元データ」を選択する

② セル「H2」の値を「150」に変更する

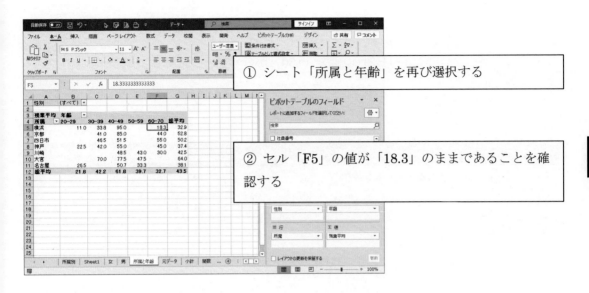

① シート「所属と年齢」を再び選択する

② セル「F5」の値が「18.3」のままであることを確認する

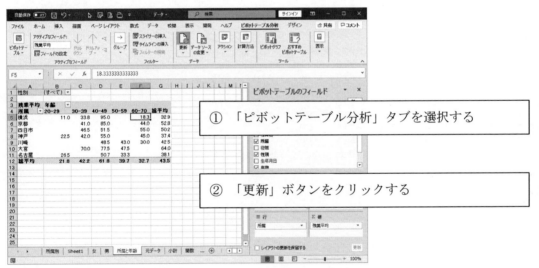

① 「ピボットテーブル分析」タブを選択する

② 「更新」ボタンをクリックする

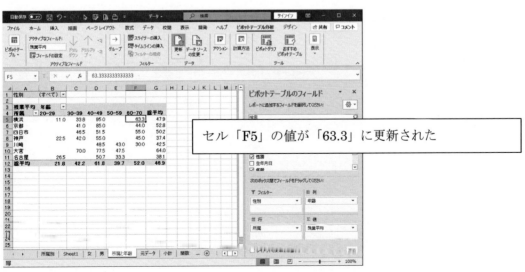

セル「F5」の値が「63.3」に更新された

ピボットテーブルでの集計と分析

TRY!

シート「元データ」のセル「H2」の値を「150」から「15」に変更し、ピボットテーブルを
更新してみましょう。

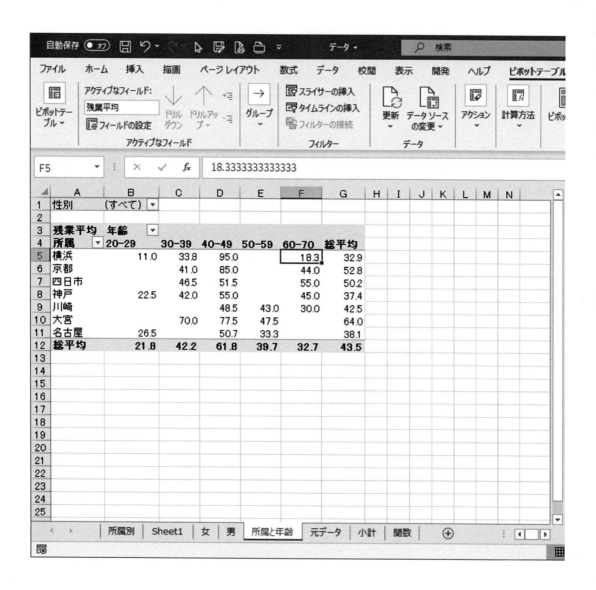

ピボットテーブルでの集計と分析

第5章 分析ツールの利用

1. 分析ツールアドインの追加

　Excel のデータ分析ツールを使って基本統計量を作成してみましょう。Excel のデータ分析ツールは、初期状態では使うことができません。アドインを追加する必要があります。

　アドインとは、Excel の機能を追加するためのツールのことです。

　アドインには様々なものがありますが、元々 Excel に付属しているアドインの他、Microsoft のサイトから必要に応じてダウンロードできるアドインもあります。

　今回は、元々 Excel に付随しているアドインを、以下の操作で有効にして利用可能にしてみましょう。

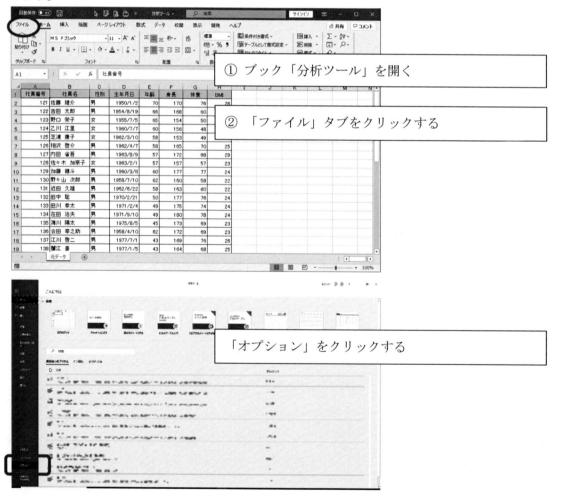

① ブック「分析ツール」を開く

② 「ファイル」タブをクリックする

「オプション」をクリックする

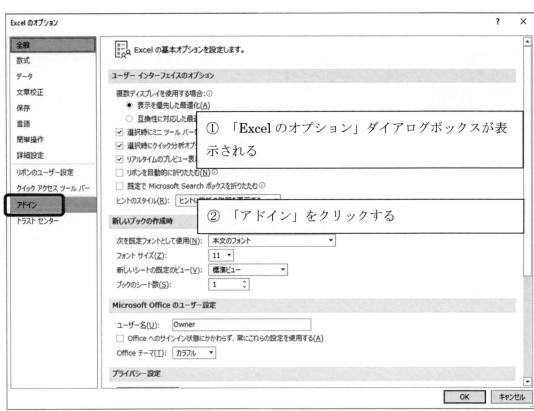

① 「Excel のオプション」ダイアログボックスが表示される

② 「アドイン」をクリックする

分析ツールの利用

① 「管理」が「Excel アドイン」になっていることを確認する

② 「設定」をクリックする

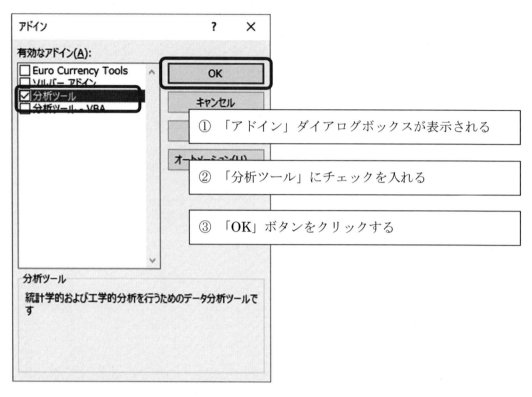

① 「アドイン」ダイアログボックスが表示される

② 「分析ツール」にチェックを入れる

③ 「OK」ボタンをクリックする

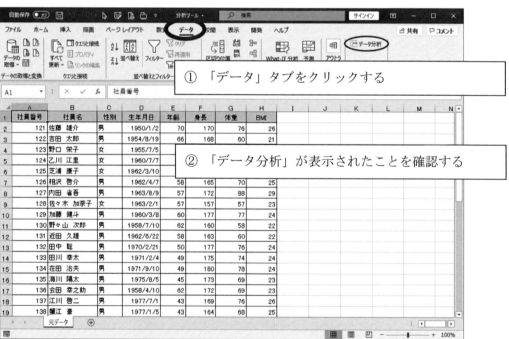

① 「データ」タブをクリックする

② 「データ分析」が表示されたことを確認する

２．基本統計量の算出

　基本統計量とは、データ全体を調べて、特徴や傾向を把握する手法です。大まかに全体を把握するために最適な手法です。基本統計量は、代表値と散布度の２つで構成されます。

　代表値は「集団の真ん中」を、散布度は「集団のバラつき」を表現します。

前ページの作業で作成した「データ分析」を選択

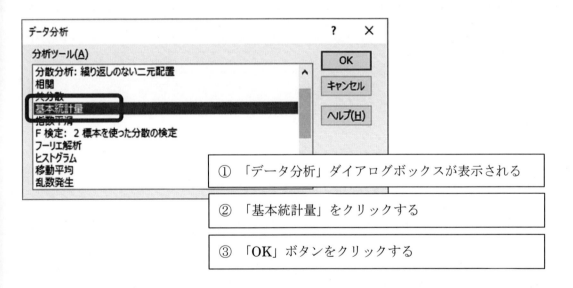

①　「データ分析」ダイアログボックスが表示される

②　「基本統計量」をクリックする

③　「OK」ボタンをクリックする

①「基本統計量」ダイアログボックスが表示される

②　「入力範囲」を設定する（今回は H1:H41）

③　「データ方向」を設定する（今回は「列」）

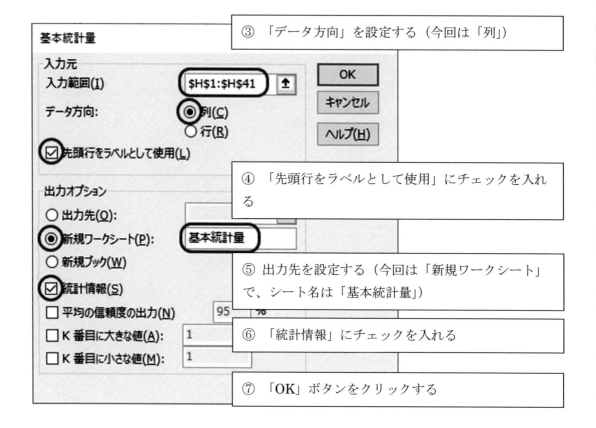

④　「先頭行をラベルとして使用」にチェックを入れる

⑤　出力先を設定する（今回は「新規ワークシート」で、シート名は「基本統計量」）

⑥　「統計情報」にチェックを入れる

⑦　「OK」ボタンをクリックする

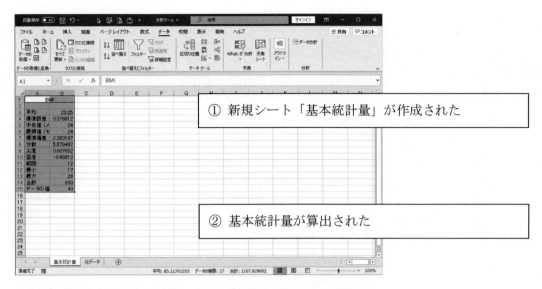

① 新規シート「基本統計量」が作成された

② 基本統計量が算出された

列幅を調整し、見やすいレイアウトにする

OnePoint

基本統計量

　前ページで作成されたシート「基本統計量」には、「平均」「合計」など、おなじみの言葉が並ぶ一方、分散や標準誤差、尖度、歪度などあまり聞いたことのない言葉も並んでいます。

　これら用語の全てについて把握しておく必要はありません。

　本格的に統計を勉強するのではなく、日常業務で使用する程度であれば、「平均」と「中央値」の違いや「標準偏差」の意味などを理解していれば十分でしょう。

値	説明	対応関数
平均	データを足し合わせ、データ数で割った値	AVERAGE
標準誤差	標準偏差を個数の平方根で割ったもの	
中央値 （メジアン）	データを数値の大きい（小さい）順番に並べた時、ちょうど真ん中に位置する値	MEDIAN
最頻値 （モード）	一番出現率が高い値	MODE.SGNL
標準偏差	分散の平方根	STDEVP.P、 STDEVP.S
分散	偏差を 2 乗したものの平均	VAR.P、VAR.S
尖度	分布の尖り度合いを表す値	KURT
歪度	分布の歪み具合（どれぐらい非対称なのか）を表す値	SKEW
範囲	最大値から最小値を引いたもの	
最小	一番小さな値	MIN
最大	一番大きな値	MAX

OnePoint

平均と中央値の違い

　平均も中央値も「真ん中の値を見つける手法」ですが、値に差があることがあります。その理由は、データにとても大きい（小さい）データがある時「平均」はその影響を受けて大きく（小さく）なってしまうからです。一方、中央値はただ単純にデータを並べてその真ん中を指しているだけです。

OnePoint

便利なショートカット(Excel Windows 編)

Ctrl+Z	直前の動作のやり直し
Ctrl+S	保存
Ctrl+A	全選択
Ctrl+X	切り取り
Ctrl+C	コピー
Ctrl+V	貼り付け
Ctrl+G	ジャンプ
Ctrl+F	検索
Ctrl+H	置換
Ctrl+L、Ctrl+T	テーブル作成
Shift+F3	関数の挿入
Ctrl+Home	[A1]セルへ移動
Ctrl+PageUp	前のシートへ移動
Ctrl+PageDown	次のシートへ移動
Alt+Enter	セル内での改行
Alt 長押し	ショートカットキーの表示
Ctrl+D	上のセルのコピー
Ctrl+R	左隣のセルのコピー
F4	絶対参照／相対参照の切替
Win+D	デスクトップ表示
Win+Tab	タスクビューを表示

著者紹介

古川 直子（ふるかわ なおこ）

オフィスプライム 代表

愛知大学文学部文学科卒、中国文学専修。北京第二外語学院語学研修科修了。

HSK8級所持、二十年以上の中国語と日本語、英語と日本語の通訳、翻訳歴あり。

一方、IT技術者として新入社員教育と現場作業従事者の技能研修、安全教育に携わる。

近年は新入社員への語学教育や、中堅社員の英語でのプレゼンテーション指導、

また、外国人技能実習生への日本語教育にも積極的に力を入れている。

寺澤 進吾（てらざわ しんご）

オフィス キーウエスト　代表

経営コンサルタント

1965年岐阜県生まれ。帝京大学卒業後、アメリカ留学を経て総合商社に入社。

2005年独立創業。経営戦略に基づく財務、人事、IT、物流の複合業務を融合した企業マネジメントによる経営の課題解決と企業成長の支援を行っている。近年は、企業の人事労務マネジメントの最適化を担い人材の採用・教育・育成と組織開発に注力して活動中。

職業訓練法人Ｈ＆Ａ　業務のための集計分析実習

| 2021年4月1日 | 初 版 発 行 |
| 2023年4月1日 | 第三刷発行 |

著 者 　古川 直子
　　　　寺澤 進吾

発行所　職業訓練法人Ｈ＆Ａ
　　　　〒472-0023 愛知県知立市西町妻向14-1
　　　　　　　　　TEL 0566(70)7766
　　　　　　　　　FAX 0566(70)7765

発 売　株式会社 三恵社
　　　　〒462-0056 愛知県名古屋市北区中丸町2-24-1
　　　　　　　　　TEL 052(915)5211
　　　　　　　　　FAX 052(915)5019
　　　　　　　　　URL http://www.sankeisha.com

ISBN978-4-86693-419-8